AF279754

¿Cuánto sabes del Madrid? ISBN 9788411744119 © Fútbol Rocks, 2023

Impresión y editorial: BoD – Books on Demand

info@bod.com.es - www.bod.com.es

Impreso en Alemania – Printed in Germany

¿CUÁNTO SABES DEL MADRID?

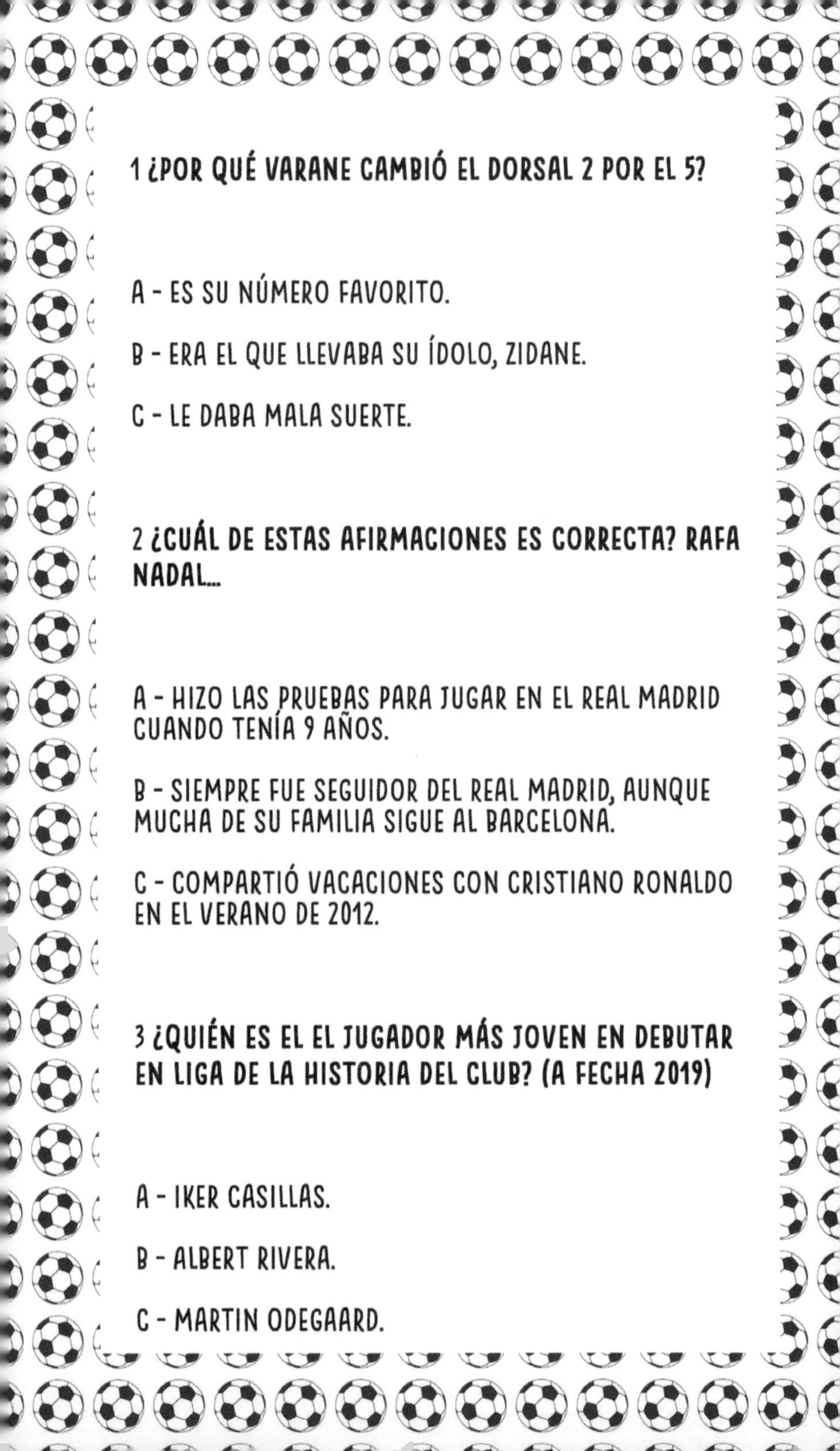

1 ¿POR QUÉ VARANE CAMBIÓ EL DORSAL 2 POR EL 5?

A - ES SU NÚMERO FAVORITO.

B - ERA EL QUE LLEVABA SU ÍDOLO, ZIDANE.

C - LE DABA MALA SUERTE.

2 ¿CUÁL DE ESTAS AFIRMACIONES ES CORRECTA? RAFA NADAL...

A - HIZO LAS PRUEBAS PARA JUGAR EN EL REAL MADRID CUANDO TENÍA 9 AÑOS.

B - SIEMPRE FUE SEGUIDOR DEL REAL MADRID, AUNQUE MUCHA DE SU FAMILIA SIGUE AL BARCELONA.

C - COMPARTIÓ VACACIONES CON CRISTIANO RONALDO EN EL VERANO DE 2012.

3 ¿QUIÉN ES EL EL JUGADOR MÁS JOVEN EN DEBUTAR EN LIGA DE LA HISTORIA DEL CLUB? (A FECHA 2019)

A - IKER CASILLAS.

B - ALBERT RIVERA.

C - MARTIN ODEGAARD.

4 ¿CUÁL ES LA CIUDAD EN LA QUE EL REAL MADRID HA JUGADO MÁS FINALES DE COPA DE EUROPA?

A - BRUSELAS, GLASGOW Y PARÍS.

B - BRUSELAS Y MILÁN.

C - PARÍS.

5 ¿QUÉ JUGADOR DEL REAL MADRID HA MARCADO MÁS GOLES EN FINALES GANADAS DE COPA DE EUROPA?

A - RAÚL.

B - DI STÉFANO.

C - PUSKAS.

6 ¿CUÁNTOS GOLES MARCÓ MIJATOVIC EN TODA LA CHAMPIONS 97-98?

A - TRES.

B - SEIS.

C - UNO.

7 ¿EN QUÉ POSICIÓN JUEGA ISCO?

A - CENTROCAMPISTA.

B - DELANTERO.

C - MEDIA PUNTA.

8 ¿EN QUÉ AÑO FICHÓ POR EL REAL MADRID PIRRI?

A - 1955.

B - 1964.

C - 1970.

9 ¿CUÁNTAS VECES FUE GUTI INTERNACIONAL CON ESPAÑA?

A - 8 VECES.

B - 20 VECES.

C - 14 VECES.

10 ¿QUIÉN HA DECLARADO SER HINCHA DEL REAL MADRID?

A - RUSSELL CROWE.

B - HARRISON FORD.

C - WILL SMITH.

11 ¿QUÉ TRES JUGADORES FUERON LOS ÚNICOS TITU-LARES EN LA SÉPTIMA, OCTAVA Y NOVENA?

A - RAÚL, HIERRO Y ROBERTO CARLOS.

B - CASILLAS, REDONDO Y ROBERTO CARLOS.

C - RAÚL, MORIENTES Y ROBERTO CARLOS.

12 ¿EN QUÉ AÑO GANÓ EL REAL MADRID LA «NOVENA»?

A - 2001.

B - 2002.

C - 2000.

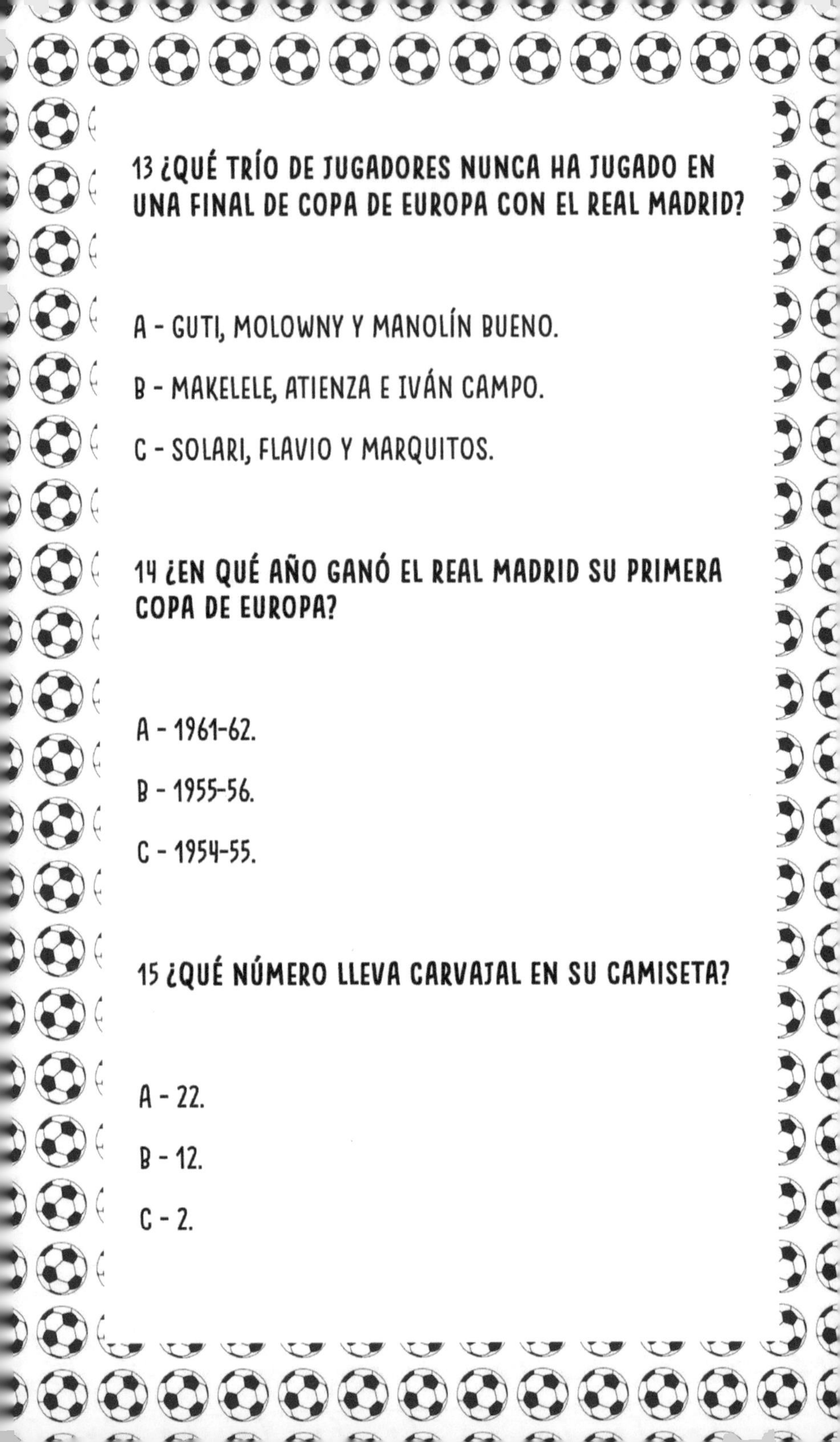

13 ¿QUÉ TRÍO DE JUGADORES NUNCA HA JUGADO EN UNA FINAL DE COPA DE EUROPA CON EL REAL MADRID?

A - GUTI, MOLOWNY Y MANOLÍN BUENO.

B - MAKELELE, ATIENZA E IVÁN CAMPO.

C - SOLARI, FLAVIO Y MARQUITOS.

14 ¿EN QUÉ AÑO GANÓ EL REAL MADRID SU PRIMERA COPA DE EUROPA?

A - 1961-62.

B - 1955-56.

C - 1954-55.

15 ¿QUÉ NÚMERO LLEVA CARVAJAL EN SU CAMISETA?

A - 22.

B - 12.

C - 2.

16 ¿QUÉ SUPERFICIE TIENE LA CIUDAD REAL MADRID?

A - 800.000 M2.

B - 2.200.000 M2.

C - 1.200.000 M2.

17 ¿EN QUÉ FECHA NACIÓ DI STEFANO?

A - 04/07/1926.

B - 04/10/1946.

C - 04/09/1906.

18 ¿CUÁNTAS BOTAS DE ORO HA CONSEGUIDO CRISTIANO RONALDO HASTA 2019?

A - 6.

B - 4.

C - 3.

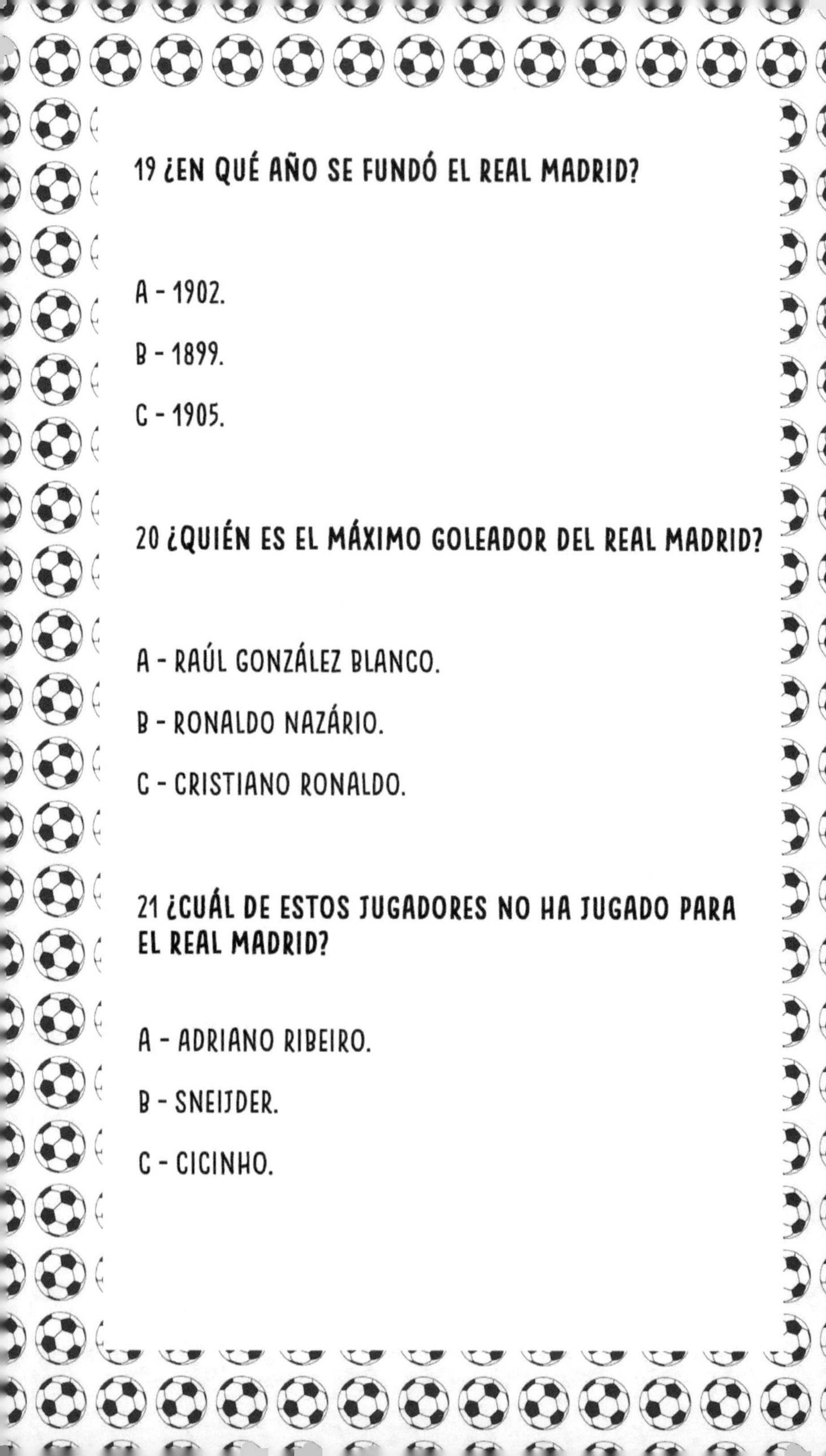

19 ¿EN QUÉ AÑO SE FUNDÓ EL REAL MADRID?

A – 1902.

B – 1899.

C – 1905.

20 ¿QUIÉN ES EL MÁXIMO GOLEADOR DEL REAL MADRID?

A – RAÚL GONZÁLEZ BLANCO.

B – RONALDO NAZÁRIO.

C – CRISTIANO RONALDO.

21 ¿CUÁL DE ESTOS JUGADORES NO HA JUGADO PARA EL REAL MADRID?

A – ADRIANO RIBEIRO.

B – SNEIJDER.

C – CICINHO.

22 ¿QUÉ JUGADOR DEL REAL MADRID FUE ELEVADO A LA CATEGORÍA DE DIOS POR MARCAR UN GOL ANTE EL ATLÉTICO DE MADRID EN 2015?

A - CRISTIANO RONALDO.

B - ÁLVARO ARBELOA.

C - CHICHARITO HERNÁNDEZ.

23 ¿CUÁL DE ESTOS JUGADORES BRITÁNICOS NO MARCÓ NUNCA EN UN CLÁSICO?

A - DAVID BECKHAM.

B - MICHAEL OWEN.

C - STEVE ARCHIBALD.

24 ¿DE QUÉ EQUIPO LLEGÓ ALFREDO DI STÉFANO?

A - BOCA JUNIORS.

B - RIVER PLATE.

C - MILLONARIOS.

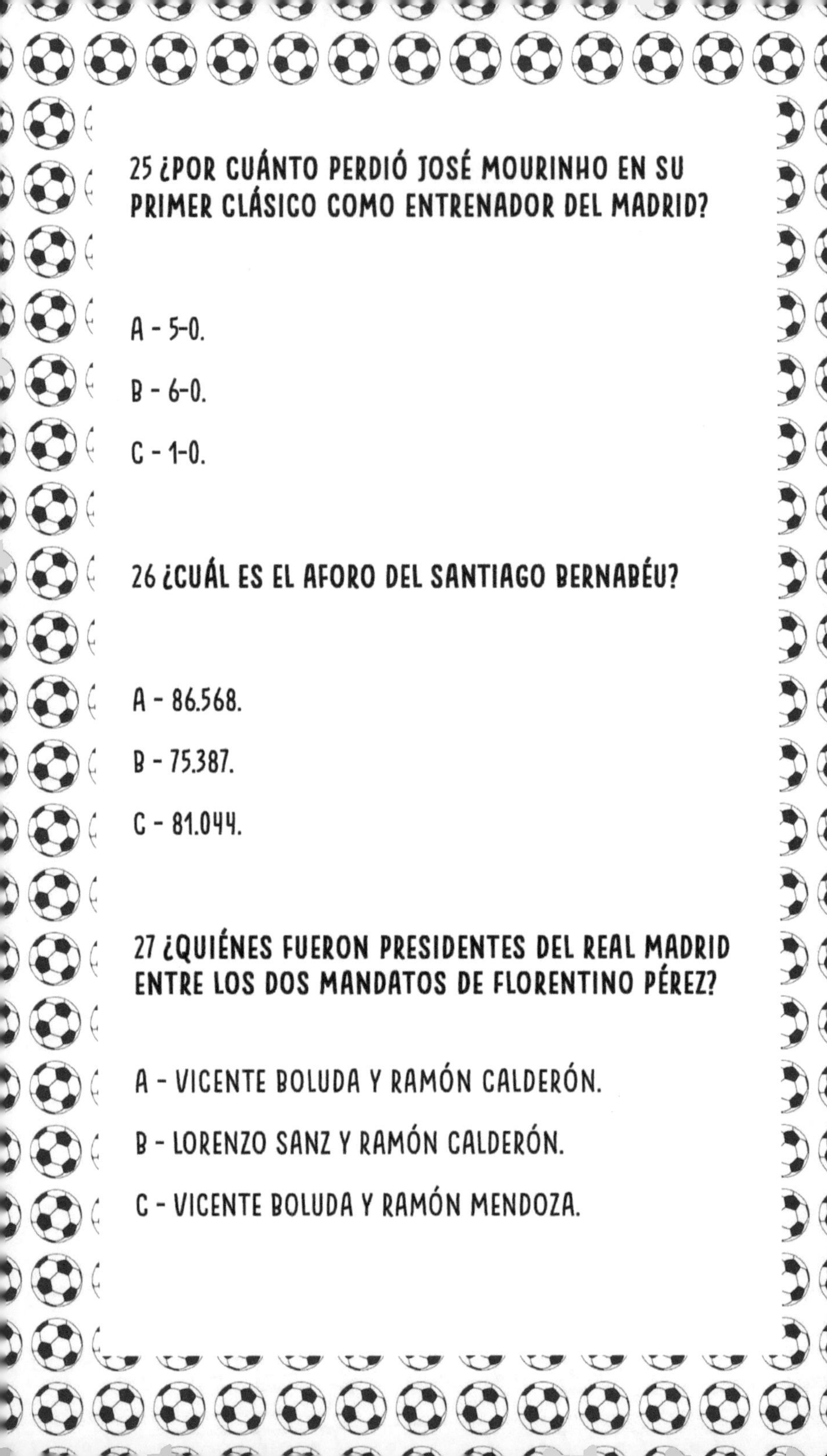

25 ¿POR CUÁNTO PERDIÓ JOSÉ MOURINHO EN SU PRIMER CLÁSICO COMO ENTRENADOR DEL MADRID?

A – 5-0.

B – 6-0.

C – 1-0.

26 ¿CUÁL ES EL AFORO DEL SANTIAGO BERNABÉU?

A – 86.568.

B – 75.387.

C – 81.044.

27 ¿QUIÉNES FUERON PRESIDENTES DEL REAL MADRID ENTRE LOS DOS MANDATOS DE FLORENTINO PÉREZ?

A – VICENTE BOLUDA Y RAMÓN CALDERÓN.

B – LORENZO SANZ Y RAMÓN CALDERÓN.

C – VICENTE BOLUDA Y RAMÓN MENDOZA.

28 ¿QUÉ EQUIPO DIÓ LA SORPRESA ELIMINANDO AL REAL MADRID DE LA COPA DEL REY EN 2009?

A - REAL MURCIA C.F.

B - A.D. ALCORCÓN.

C - VALLADOLID C.F.

29 ¿CUÁL ES EL LUGAR DE NACIMIENTO DE BRAHIM?

A - CÁDIZ.

B - PARÍS.

C - MÁLAGA.

30 ¿CUÁNTOS PARTIDOS OFICIALES JUGÓ DI STÉFANO CON EL REAL MADRID?

A - 396.

B - 122.

C - 510.

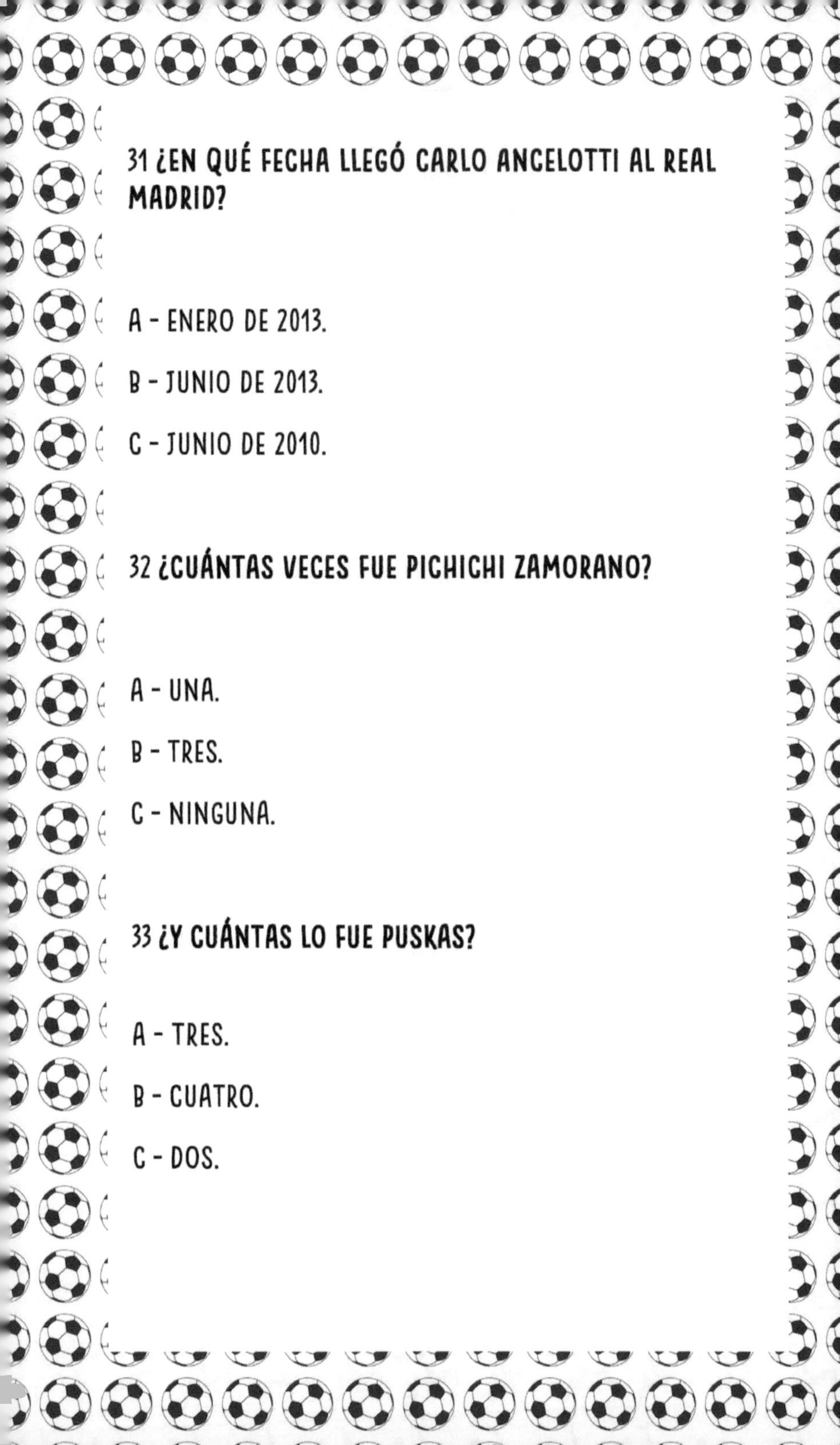

31 ¿EN QUÉ FECHA LLEGÓ CARLO ANCELOTTI AL REAL MADRID?

A - ENERO DE 2013.

B - JUNIO DE 2013.

C - JUNIO DE 2010.

32 ¿CUÁNTAS VECES FUE PICHICHI ZAMORANO?

A - UNA.

B - TRES.

C - NINGUNA.

33 ¿Y CUÁNTAS LO FUE PUSKAS?

A - TRES.

B - CUATRO.

C - DOS.

34 EN 2008 EL BARCELONA TUVO QUE HACERLE EL PASILLO AL REAL MADRID POR GANAR LA LIGA. ¿CÓMO ACABÓ EL CLÁSICO DEL PASILLO?

A - EMPATARON AMBOS EQUIPOS A 3.

B - GANÓ EL REAL MADRID POR 2-0.

C - GANÓ EL REAL MADRID POR 4-1.

35 ¿QUÉ JUGADOR ES CONOCIDO COMO "EL ÁNGEL DE MADRID?

A - RAÚL GONZÁLEZ.

B - SERGIO RAMOS.

C - ÁNGEL DI MARÍA.

36 ¿EN QUÉ AÑO FUE INAUGURADO EL SANTIAGO BERNABÉU?

A - 1957.

B - 1947.

C - 1937.

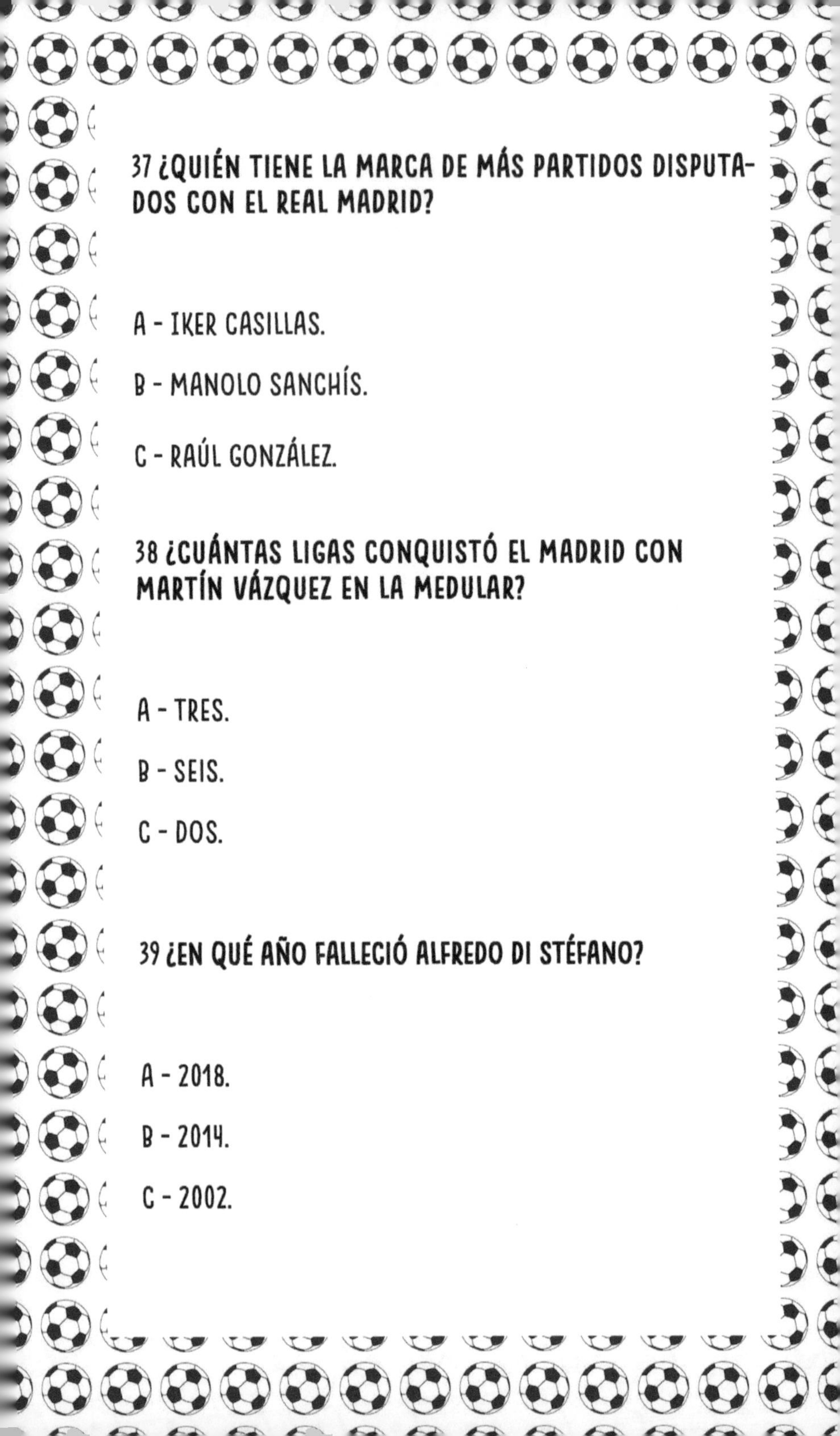

37 ¿QUIÉN TIENE LA MARCA DE MÁS PARTIDOS DISPUTA-
DOS CON EL REAL MADRID?

A - IKER CASILLAS.

B - MANOLO SANCHÍS.

C - RAÚL GONZÁLEZ.

38 ¿CUÁNTAS LIGAS CONQUISTÓ EL MADRID CON
MARTÍN VÁZQUEZ EN LA MEDULAR?

A - TRES.

B - SEIS.

C - DOS.

39 ¿EN QUÉ AÑO FALLECIÓ ALFREDO DI STÉFANO?

A - 2018.

B - 2014.

C - 2002.

40 ¿CON CUÁNTOS AÑOS DIO SOLARI SU SALTO AL PRO-FESIONALISMO EN RIVER PLATE?

A - 18 AÑOS.

B - 20 AÑOS.

C - 22 AÑOS.

41 ¿GANÓ FIGO ALGÚN BALÓN DE ORO?

A - NO.

B - SÍ, DOS.

C - SÍ, UNO.

42 ¿Y CRISTIANO RONALDO? ¿CUÁNTOS BALONES DE ORO A FECHA DE 2019 HA GANADO?

A - CINCO.

B - CUATRO.

C - SEIS.

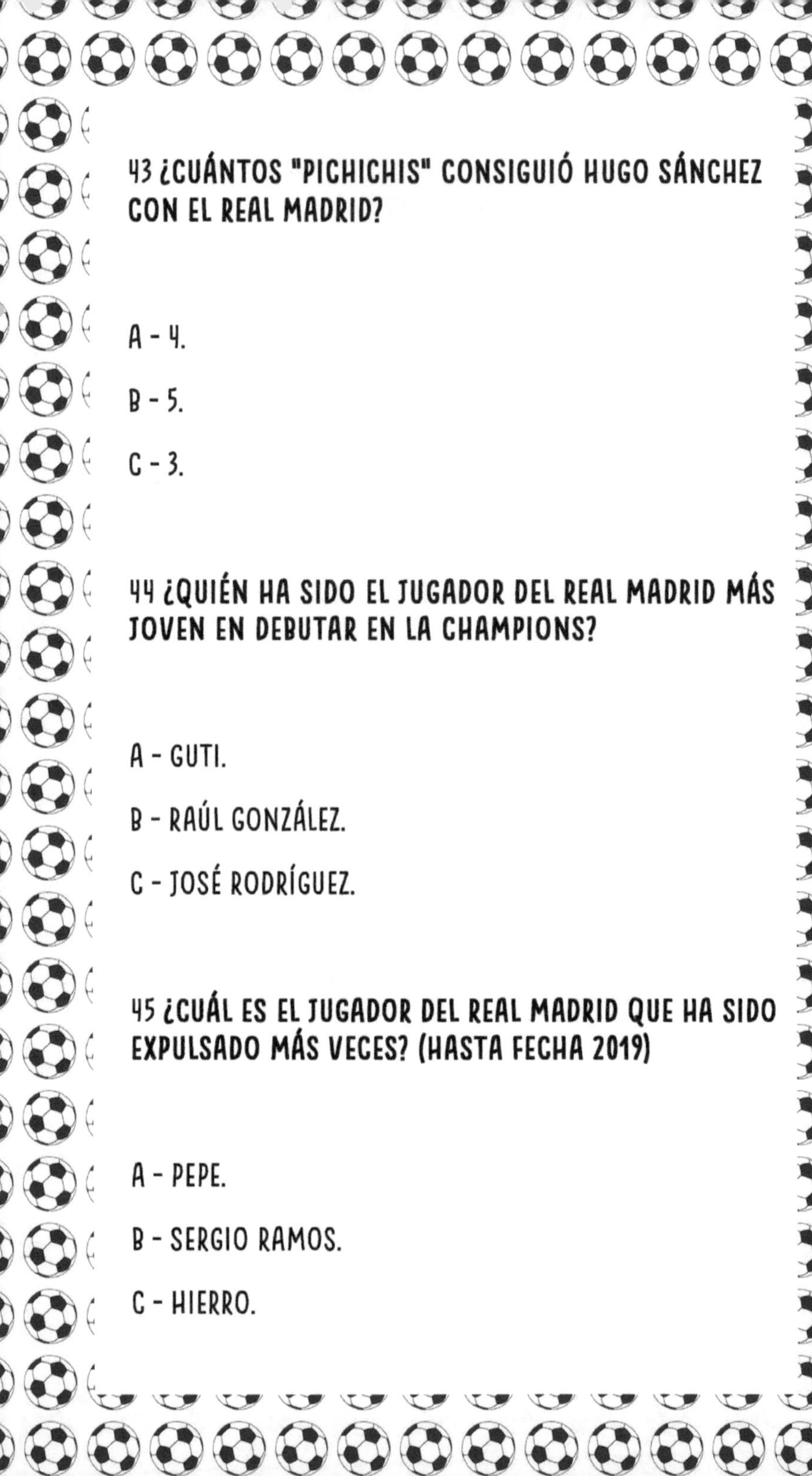

43 ¿CUÁNTOS "PICHICHIS" CONSIGUIÓ HUGO SÁNCHEZ CON EL REAL MADRID?

A - 4.

B - 5.

C - 3.

44 ¿QUIÉN HA SIDO EL JUGADOR DEL REAL MADRID MÁS JOVEN EN DEBUTAR EN LA CHAMPIONS?

A - GUTI.

B - RAÚL GONZÁLEZ.

C - JOSÉ RODRÍGUEZ.

45 ¿CUÁL ES EL JUGADOR DEL REAL MADRID QUE HA SIDO EXPULSADO MÁS VECES? (HASTA FECHA 2019)

A - PEPE.

B - SERGIO RAMOS.

C - HIERRO.

46 RAÚL MARCÓ SU PRIMER GOL CON EL MADRID EN UN DERBI CONTRA EL ATLÉTICO. ¿QUIÉN ERA EL PORTERO ROJIBLANCO?

A - RICARDO.

B - ABEL.

C - DIEGO.

47 ¿CUÁL ERA EL NÚMERO DE CAMISETA DE WESLEY SNIEDER AL LLEGAR AL REAL MADRID?

A - 11.

B - 23.

C - 10.

48 ¿DE QUÉ CANTERA PROVENÍA RAÚL GONZÁLEZ?

A - ATLÉTICO DE MADRID.

B - GETAFE.

C - REAL MADRID.

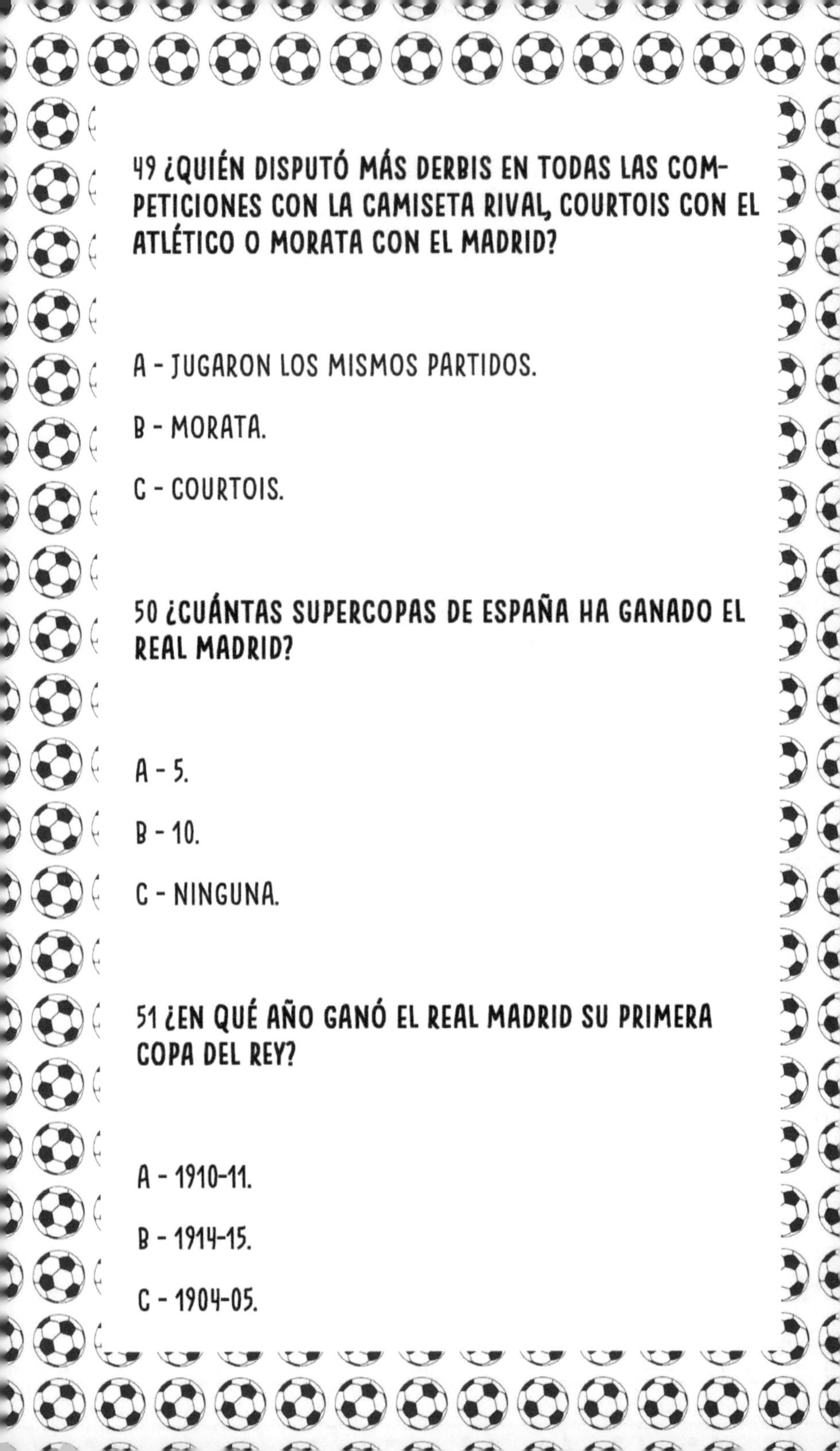

49 ¿QUIÉN DISPUTÓ MÁS DERBIS EN TODAS LAS COMPETICIONES CON LA CAMISETA RIVAL, COURTOIS CON EL ATLÉTICO O MORATA CON EL MADRID?

A - JUGARON LOS MISMOS PARTIDOS.

B - MORATA.

C - COURTOIS.

50 ¿CUÁNTAS SUPERCOPAS DE ESPAÑA HA GANADO EL REAL MADRID?

A - 5.

B - 10.

C - NINGUNA.

51 ¿EN QUÉ AÑO GANÓ EL REAL MADRID SU PRIMERA COPA DEL REY?

A - 1910-11.

B - 1914-15.

C - 1904-05.

52 ¿CUÁNDO FUE CRISTIANO RONALDO PRESENTADO EN EL SANTIAGO BERNABÉU?

A - EL 6 DE JUNIO DE 2009.

B - EL 6 DE JULIO DE 2009.

C - EL 4 DE JULIO DE 2008.

53 ¿QUIÉN MARCÓ EL 2-2 EN EL CAMP NOU EN COPA DEL REY, TEMPORADA 2011-2012?

A - CRISTIANO RONALDO.

B - BENZEMÁ.

C - MORATA.

54 ¿EN QUÉ AÑO FUE NOMBRADO ALFREDO DI STÉFANO PRESIDENTE DE HONOR DEL REAL MADRID?

A - EN EL AÑO 2000.

B - EN EL AÑO 2010.

C - EN EL AÑO 2005.

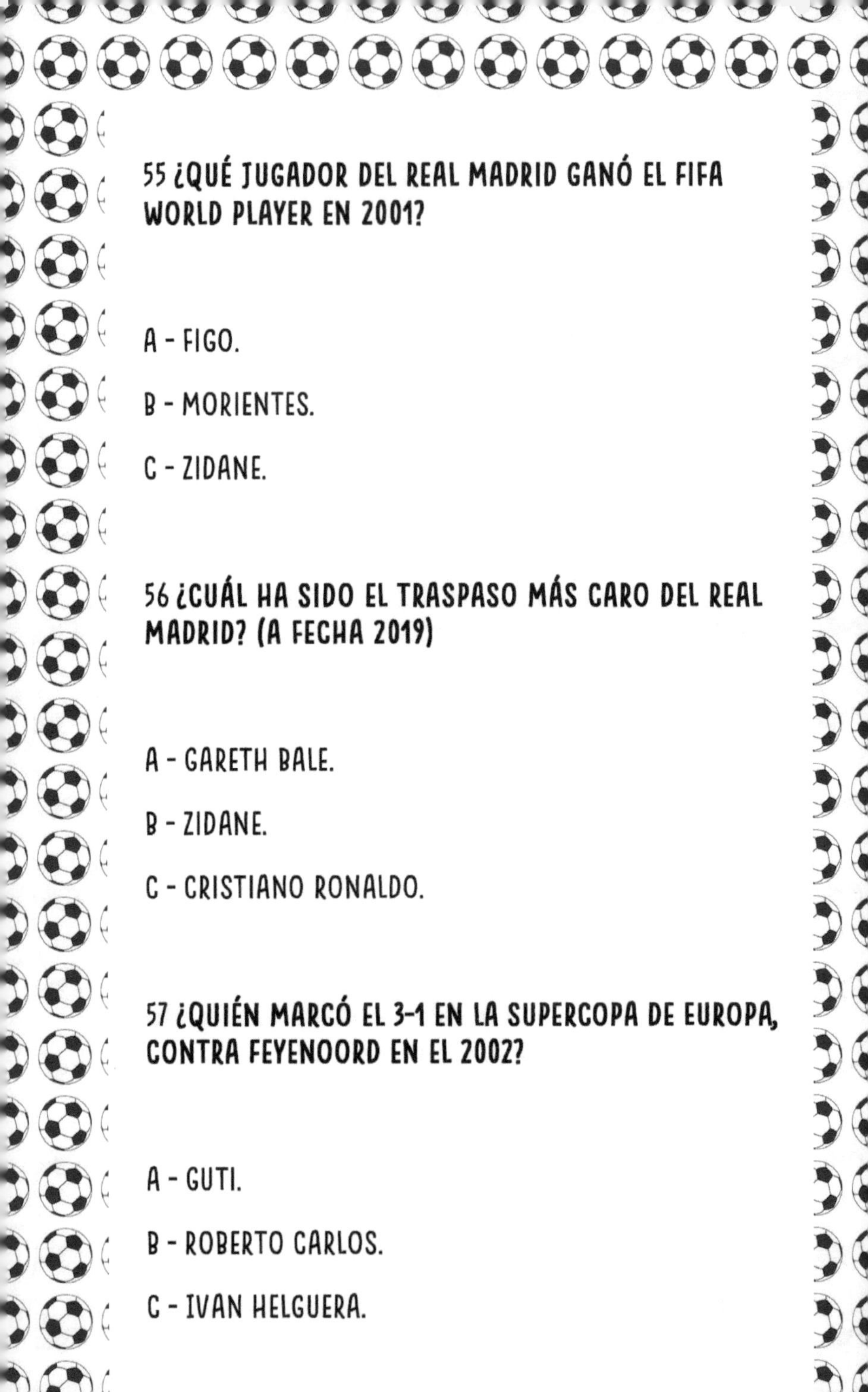

55 ¿QUÉ JUGADOR DEL REAL MADRID GANÓ EL FIFA WORLD PLAYER EN 2001?

A - FIGO.

B - MORIENTES.

C - ZIDANE.

56 ¿CUÁL HA SIDO EL TRASPASO MÁS CARO DEL REAL MADRID? (A FECHA 2019)

A - GARETH BALE.

B - ZIDANE.

C - CRISTIANO RONALDO.

57 ¿QUIÉN MARCÓ EL 3-1 EN LA SUPERCOPA DE EUROPA, CONTRA FEYENOORD EN EL 2002?

A - GUTI.

B - ROBERTO CARLOS.

C - IVAN HELGUERA.

58 ¿EN QUÉ CIUDAD GANÓ EL REAL MADRID SU ANSIA-
DA SÉPTIMA COPA DE EUROPA?

A - MILÁN.

B - AMSTERDAM.

C - PARÍS.

59 ¿CUÁNTOS BALONES DE ORO HA CONSEGUIDO
MODRIC?

A - UNO.

B - DOS.

C - NINGUNO.

60 ¿CUÁNTAS VECES HA SIDO CRISTIANO RONALDO IN-
TERNACIONAL CON PORTUGAL? (A FECHA 2019)

A - 200.

B - 100.

C - 154.

61 ¿CUÁNTOS GOLES METIÓ RAUL EN TODA SU HISTO-
RIA CON EL REAL MADRID?

A – 323.

B – 156.

C – 200.

62 ¿CUÁLES SON LAS DIMENSIONES DEL ESTADIO
SANTIAGO BERNABÉU?

A – 205 X 98 M.

B – 155 X 88 M.

C – 105 X 68 M.

63 ¿EN QUÉ AÑO DEBUTÓ BUTRAGUEÑO EN EL PRIMER
EQUIPO?

A – 1980.

B – 1984.

C – 1982.

64 ¿CUÁNTOS GOLES MARCÓ SERGIO RAMOS EN LA TEMPORADA 2015-16?

A - 4.

B - 2.

C - 8.

65 ¿CUÁNTOS PALCOS VIP TIENE EL ESTADIO SANTIAGO BERNABÉU?

A - 300.

B - 145.

C - 245.

66 ¿QUIÉN ES A FECHA DE 2019 EL MÁXIMO ANOTADOR EN UNA TEMPORADA POR EL REAL MADRID?

A - FIGO.

B - CRISTIANO RONALDO.

C - RAUL.

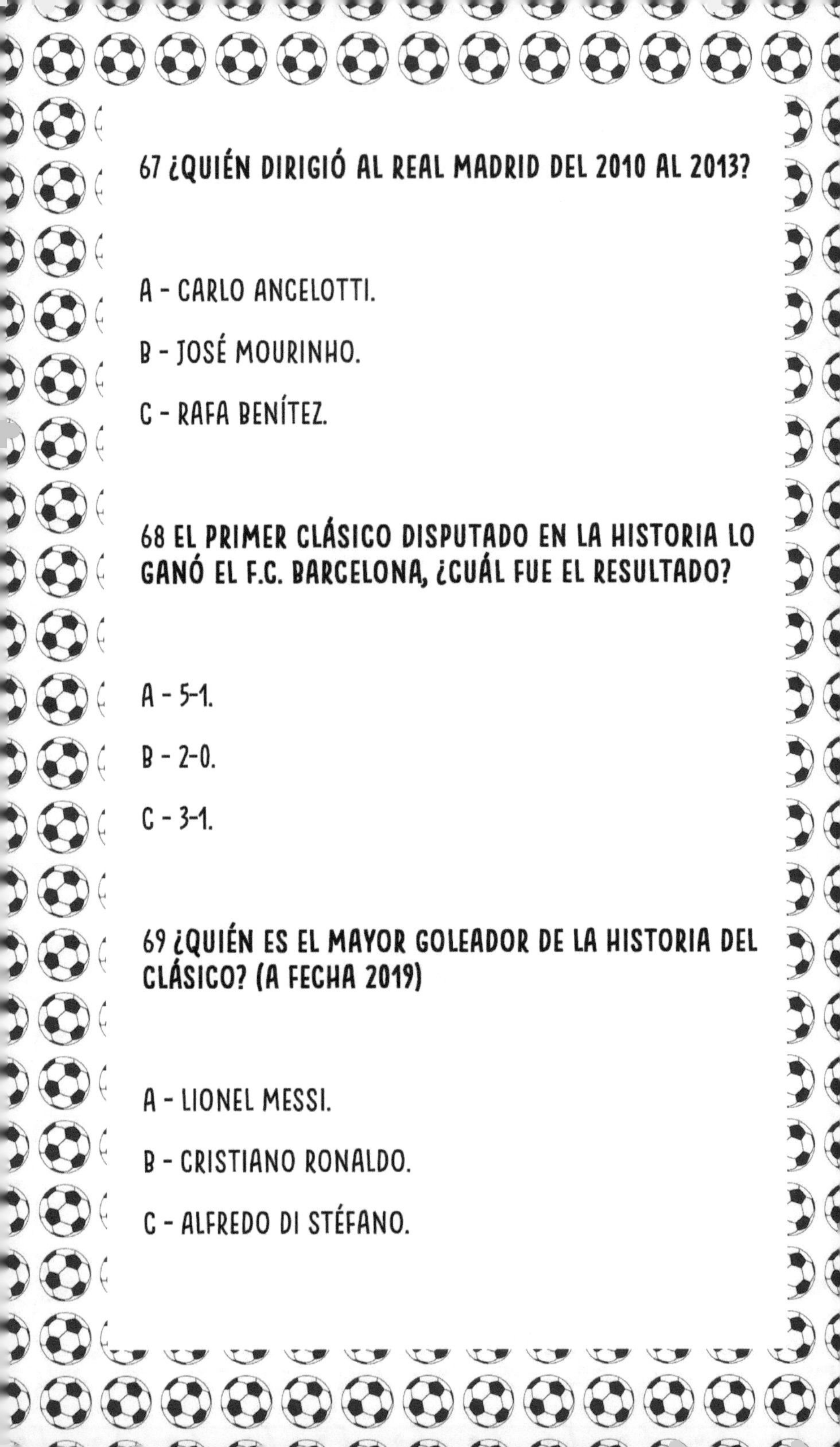

67 ¿QUIÉN DIRIGIÓ AL REAL MADRID DEL 2010 AL 2013?

A - CARLO ANCELOTTI.

B - JOSÉ MOURINHO.

C - RAFA BENÍTEZ.

68 EL PRIMER CLÁSICO DISPUTADO EN LA HISTORIA LO GANÓ EL F.C. BARCELONA, ¿CUÁL FUE EL RESULTADO?

A - 5-1.

B - 2-0.

C - 3-1.

69 ¿QUIÉN ES EL MAYOR GOLEADOR DE LA HISTORIA DEL CLÁSICO? (A FECHA 2019)

A - LIONEL MESSI.

B - CRISTIANO RONALDO.

C - ALFREDO DI STÉFANO.

70 ¿QUÉ JUGADOR GANÓ UN CLÁSICO POR 5-0, SE CAMBIÓ DE CLUB Y GANÓ OTRO CLÁSICO POR 5-0 UN AÑO DESPUÉS?

A - LUIS ENRIQUE.

B - MICHAEL LAUDRUP.

C - BERND SCHUSTER.

71 ¿CUÁL DE ESTOS OBJETOS NO FUE LANZADO A FIGO DURANTE UN CLÁSICO EN 2002?

A - UN TELÉFONO MÓVIL.

B - UNA CABEZA DE CERDO.

C - UNA BOTELLA DE WHISKY.

72 ¿CUÁNTO PAGÓ EL REAL MADRID PARA FICHAR A FIGO?

A - 81 MILLONES DE EUROS.

B - 41 MILLONES DE EUROS.

C - 61 MILLONES DE EUROS.

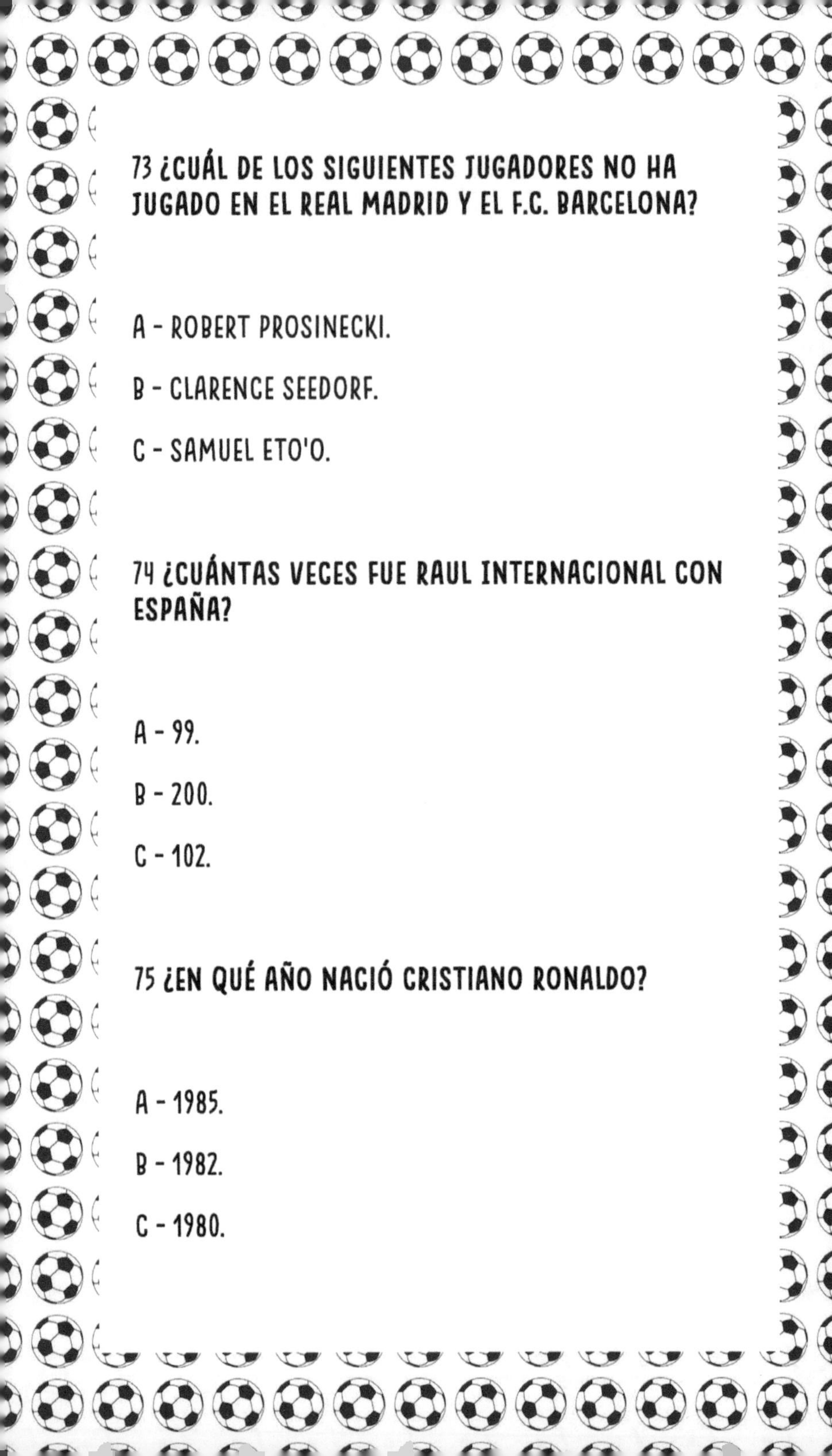

73 ¿CUÁL DE LOS SIGUIENTES JUGADORES NO HA JUGADO EN EL REAL MADRID Y EL F.C. BARCELONA?

A - ROBERT PROSINECKI.

B - CLARENCE SEEDORF.

C - SAMUEL ETO'O.

74 ¿CUÁNTAS VECES FUE RAUL INTERNACIONAL CON ESPAÑA?

A - 99.

B - 200.

C - 102.

75 ¿EN QUÉ AÑO NACIÓ CRISTIANO RONALDO?

A - 1985.

B - 1982.

C - 1980.

76 ¿EN QUÉ AÑO DISPUTÓ SU ÚLTIMO PARTIDO OFICIAL CON EL REAL MADRID ALFREDO DI STÉFANO?

A - 1964.

B - 1960.

C - 1971.

77 ¿EN QUÉ MINUTO MARCÓ PEDJA MIJATOVIC Y ENVIÓ LA SÉPTIMA A LAS VITRINAS DEL SANTIAGO BERNABÉU DESDE EL AMSTERDAM ARENA?

A - MINUTO 90.

B - MINUTO 92.

C - MINUTO 66.

78 ¿EN QUÉ TEMPORADA LOGRÓ EL REAL MADRID SU PRIMER TÍTULO DE LA UEFA?

A - 1982-83.

B - 1984-85.

C - 1981-82.

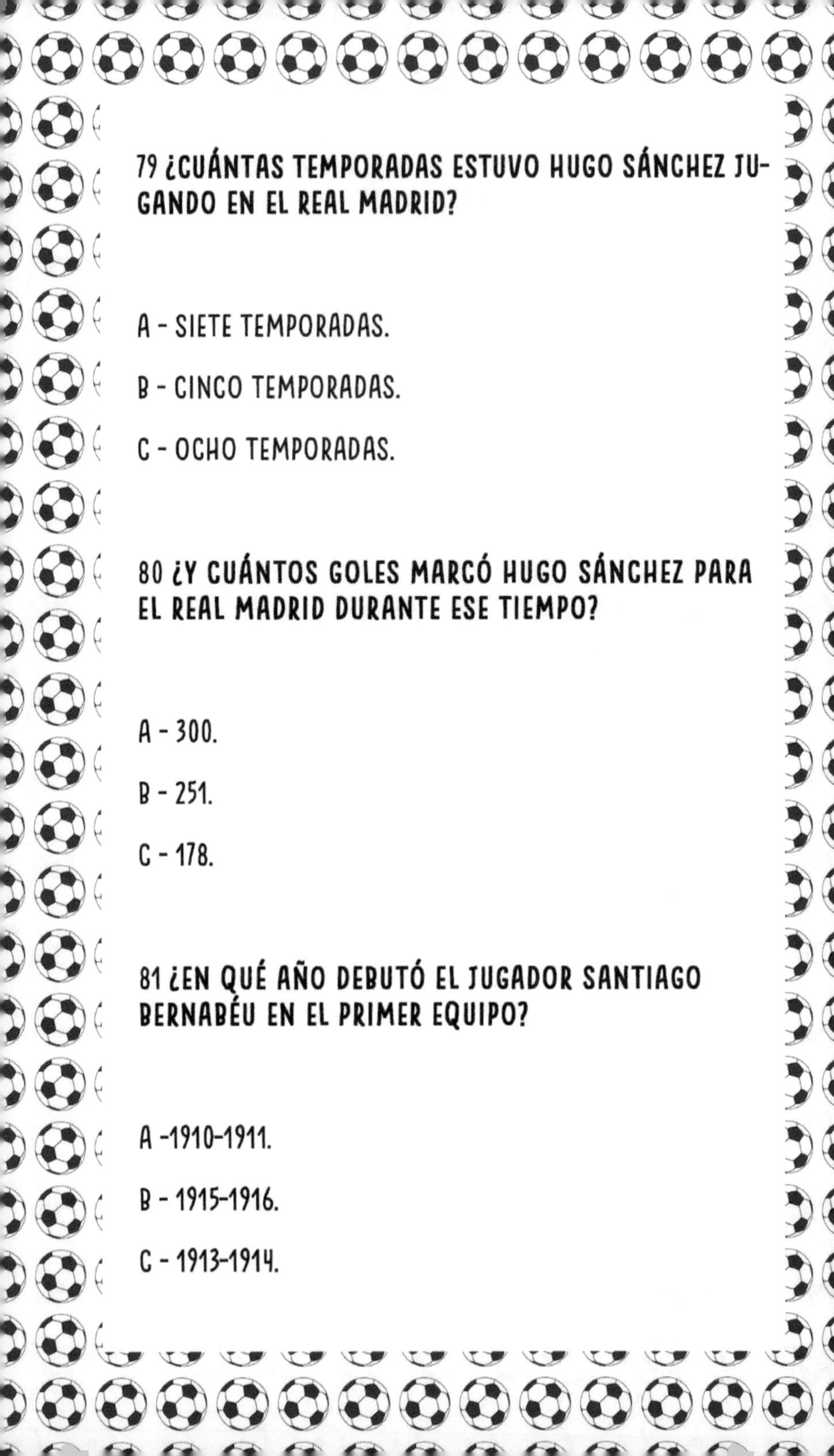

79 ¿CUÁNTAS TEMPORADAS ESTUVO HUGO SÁNCHEZ JUGANDO EN EL REAL MADRID?

A - SIETE TEMPORADAS.

B - CINCO TEMPORADAS.

C - OCHO TEMPORADAS.

80 ¿Y CUÁNTOS GOLES MARCÓ HUGO SÁNCHEZ PARA EL REAL MADRID DURANTE ESE TIEMPO?

A – 300.

B – 251.

C – 178.

81 ¿EN QUÉ AÑO DEBUTÓ EL JUGADOR SANTIAGO BERNABÉU EN EL PRIMER EQUIPO?

A –1910-1911.

B – 1915-1916.

C – 1913-1914.

82 ¿EN QUÉ AÑO REGRESÓ EL EX JUGADOR DEL REAL MADRID VICENTE DEL BOSQUE PARA DIRIGIR AL PRIMER EQUIPO?

A – 1999.

B – 1995.

C – 1997.

83 ¿EN QUÉ CIUDAD NACIÓ ARBELOA?

A – SEGOVIA.

B – SALAMANCA.

C – MADRID.

84 ¿EN QUÉ POSICIÓN JUGABA AMAVISCA?

A – CENTROCAMPISTA.

B – DEFENSA.

C – DELANTERO.

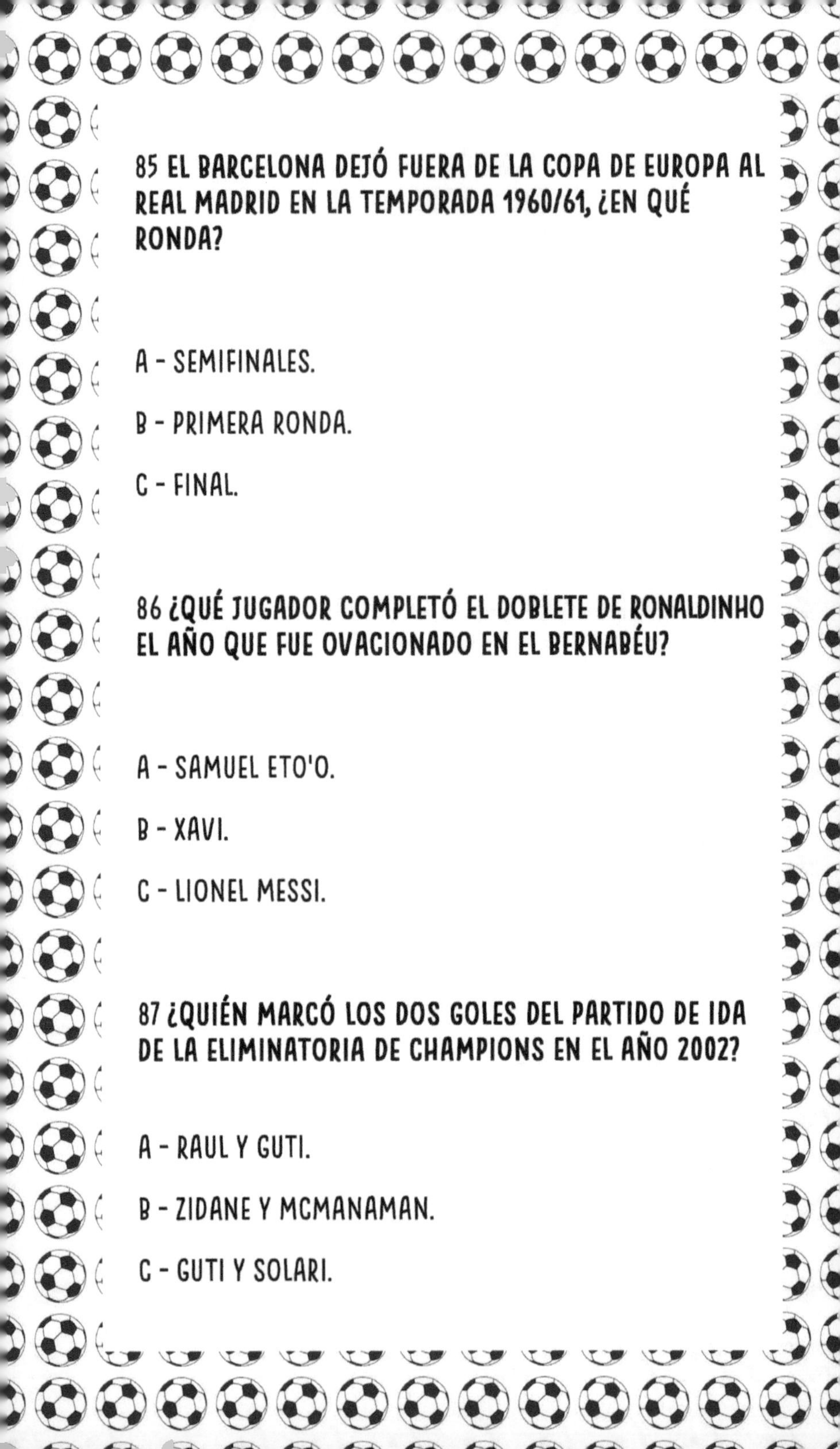

85 EL BARCELONA DEJÓ FUERA DE LA COPA DE EUROPA AL REAL MADRID EN LA TEMPORADA 1960/61, ¿EN QUÉ RONDA?

A - SEMIFINALES.

B - PRIMERA RONDA.

C - FINAL.

86 ¿QUÉ JUGADOR COMPLETÓ EL DOBLETE DE RONALDINHO EL AÑO QUE FUE OVACIONADO EN EL BERNABÉU?

A - SAMUEL ETO'O.

B - XAVI.

C - LIONEL MESSI.

87 ¿QUIÉN MARCÓ LOS DOS GOLES DEL PARTIDO DE IDA DE LA ELIMINATORIA DE CHAMPIONS EN EL AÑO 2002?

A - RAUL Y GUTI.

B - ZIDANE Y MCMANAMAN.

C - GUTI Y SOLARI.

88 ¿A QUÉ EQUIPO ESPAÑOL GANÓ EL MADRID EN LA FINAL DE CHAMPIONS DE 2000 EN PARÍS CON EL QUE CONSIGUIÓ LA OCTAVA COPA DE EUROPA?

A - ATLÉTICO DE MADRID.

B - SEVILLA.

C - VALENCIA CF.

89 ¿EN QUÉ AÑO EL REAL MADRID DE VALDANO LE ENDOSÓ UN 5-0 AL BARÇA DE JOHAN CRUYFF EN EL SANTIAGO BERNABÉU?

A - 1992.

B - 1995.

C - 1994.

90 ¿DONDE NACIÓ GONZALO HIGUAÍN?

A - FRANCIA.

B - ARGENTINA.

C - ESPAÑA.

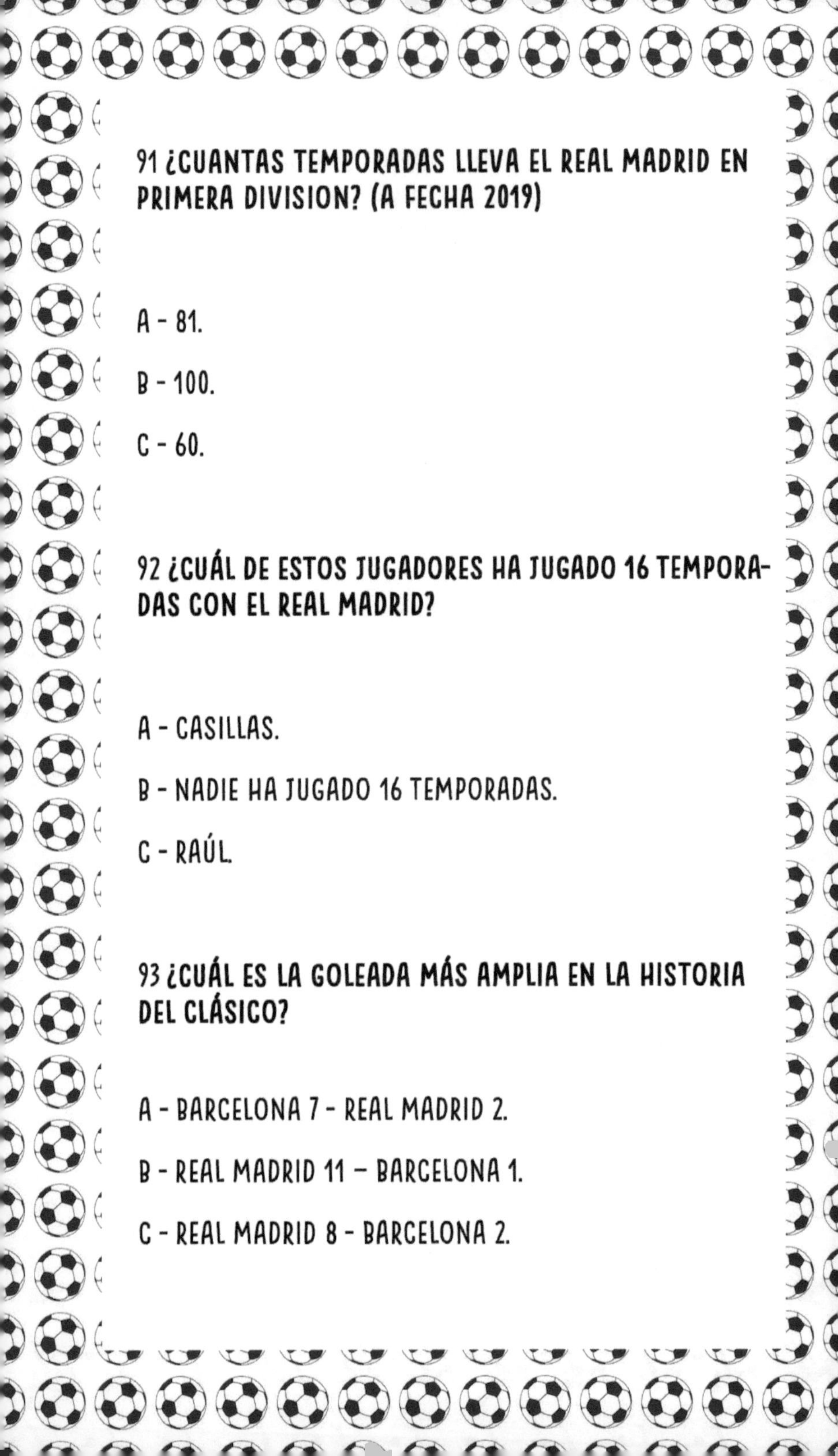

91 ¿CUANTAS TEMPORADAS LLEVA EL REAL MADRID EN PRIMERA DIVISION? (A FECHA 2019)

A - 81.

B - 100.

C - 60.

92 ¿CUÁL DE ESTOS JUGADORES HA JUGADO 16 TEMPORADAS CON EL REAL MADRID?

A - CASILLAS.

B - NADIE HA JUGADO 16 TEMPORADAS.

C - RAÚL.

93 ¿CUÁL ES LA GOLEADA MÁS AMPLIA EN LA HISTORIA DEL CLÁSICO?

A - BARCELONA 7 - REAL MADRID 2.

B - REAL MADRID 11 – BARCELONA 1.

C - REAL MADRID 8 - BARCELONA 2.

94 ¿QUÉ SIGNIFICÓ LA VOLEA DE ZIDANE EN GLASGOW?

A - LA DÉCIMA.

B - LA NOVENA.

C - LA SÉPTIMA.

95 ¿CONTRA QUÉ EQUIPO DEBUTÓ RAÚL GONZÁLEZ?

A - REAL ZARAGOZA.

B - ATLÉTICO DE MADRID.

C - REAL SOCIEDAD.

96 CÓMO SE LLAMA EL ACTUAL PRESIDENTE DEL REAL MADRID? (FECHA 2019)

A - FERNANDO ROIG.

B - JOSÉ CASTRO CARMONA.

C - FLORENTINO PÉREZ.

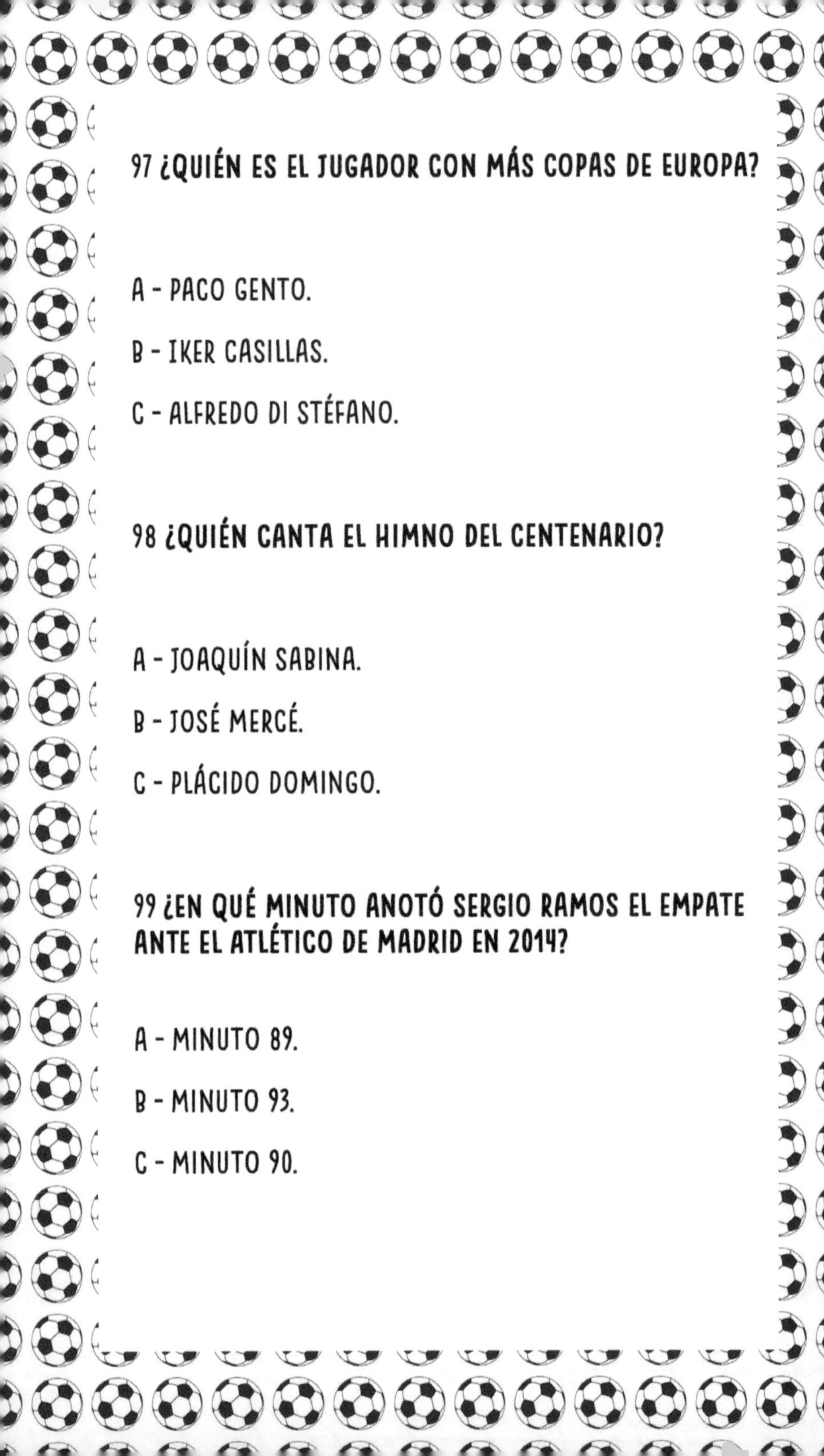

97 ¿QUIÉN ES EL JUGADOR CON MÁS COPAS DE EUROPA?

A - PACO GENTO.

B - IKER CASILLAS.

C - ALFREDO DI STÉFANO.

98 ¿QUIÉN CANTA EL HIMNO DEL CENTENARIO?

A - JOAQUÍN SABINA.

B - JOSÉ MERCÉ.

C - PLÁCIDO DOMINGO.

99 ¿EN QUÉ MINUTO ANOTÓ SERGIO RAMOS EL EMPATE ANTE EL ATLÉTICO DE MADRID EN 2014?

A - MINUTO 89.

B - MINUTO 93.

C - MINUTO 90.

100 ¿CUÁNTAS LIGAS PERDIÓ EL REAL MADRID EN LA ISLA DE TENERIFE?

A - DOS.

B - CUATRO.

C - UNA.

101 ¿CUÁL ES EL NOMBRE REAL DE PEPE?

A - LUÍS.

B - KÉPLER.

C - NINGUNO DE LOS ANTERIORES, SE LLAMA PEPE.

102 ¿QUÉ FUTBOLISTA MARCÓ EL GOL MÁS RÁPIDO EN LA HISTORIA DEL CLÁSICO ESPAÑOL?

A - ROMARIO.

B - ZLATAN IBRAHIMOVIC.

C - KARIM BENZEMA.

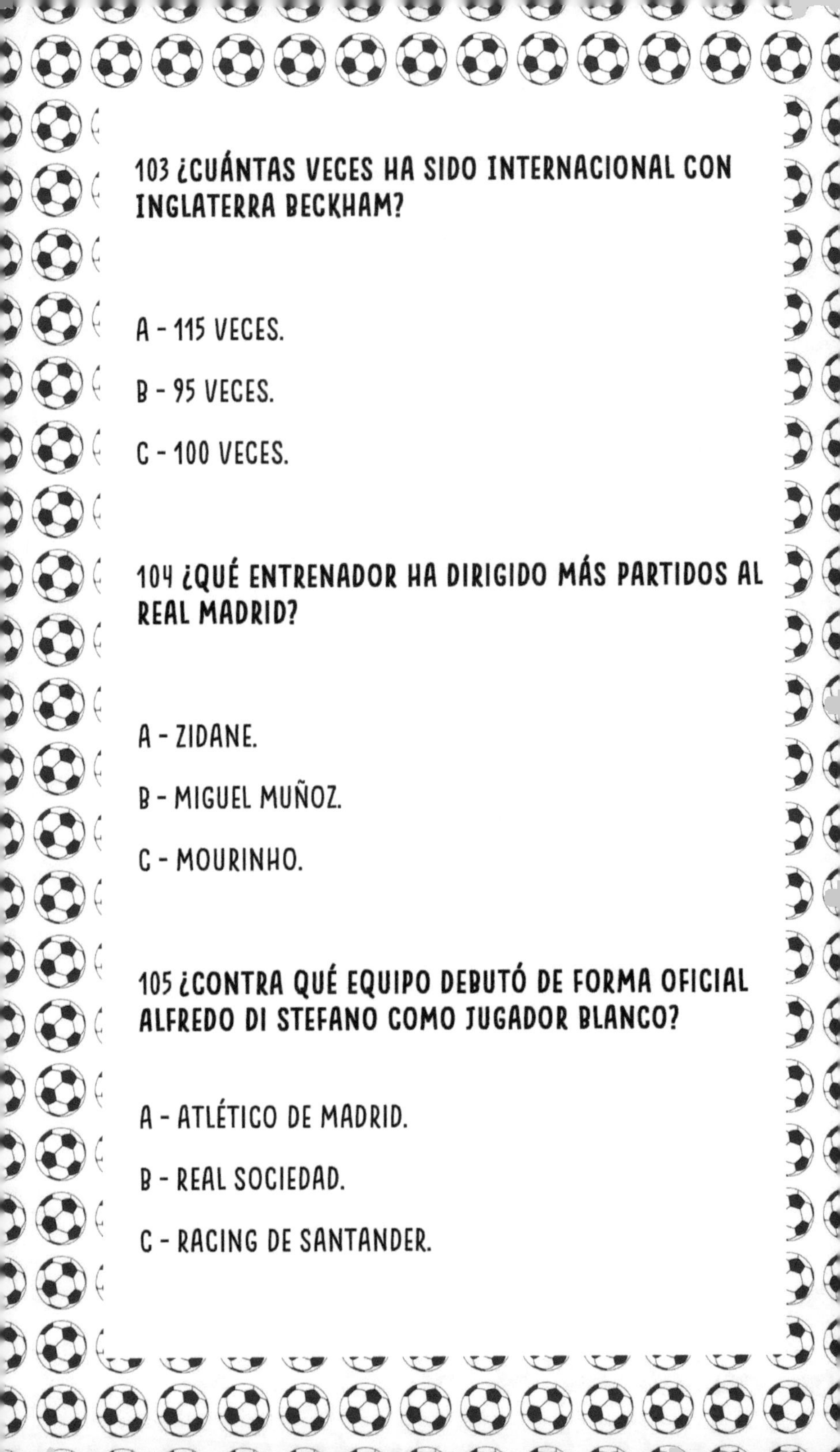

103 ¿CUÁNTAS VECES HA SIDO INTERNACIONAL CON INGLATERRA BECKHAM?

A - 115 VECES.

B - 95 VECES.

C - 100 VECES.

104 ¿QUÉ ENTRENADOR HA DIRIGIDO MÁS PARTIDOS AL REAL MADRID?

A - ZIDANE.

B - MIGUEL MUÑOZ.

C - MOURINHO.

105 ¿CONTRA QUÉ EQUIPO DEBUTÓ DE FORMA OFICIAL ALFREDO DI STEFANO COMO JUGADOR BLANCO?

A - ATLÉTICO DE MADRID.

B - REAL SOCIEDAD.

C - RACING DE SANTANDER.

106 ¿QUIÉN ES ACTUALMENTE EL PRESIDENTE DE HONOR DEL REAL MADRID? (AÑO 2019)

A - PACO GENTO.

B - DI STÉFANO.

C - SANTIAGO BERNABÉU.

107 ¿EN QUÉ TEMPORADA SUBIÓ POR ÚLTIMA VEZ EL REAL MADRID CASTILLA A SEGUNDA DIVISIÓN?

A - EN LA TEMPORADA 2001/2002.

B - EN LA TEMPORADA 2010/2011.

C - EN LA TEMPORADA 2011/2012.

108 ¿CONTRA QUÉ EQUIPO JUGÓ EL REAL MADRID LA FINAL DE LA COPA DEL REY DE 1980?

A - ATLÉTICO DE MADRID.

B - REAL MADRID CASTILLA.

C - DEPORTIVO DE LA CORUÑA.

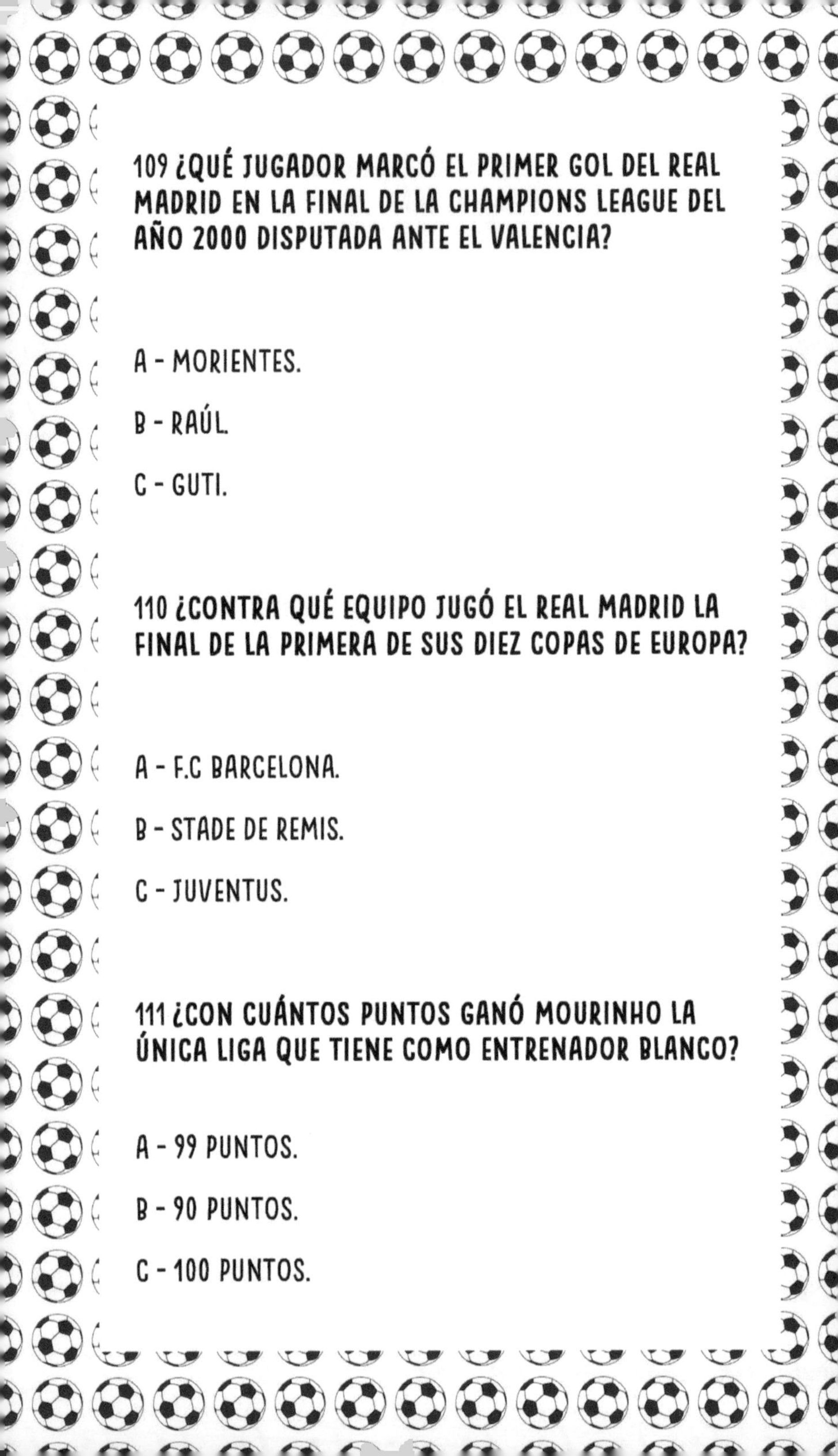

109 ¿QUÉ JUGADOR MARCÓ EL PRIMER GOL DEL REAL MADRID EN LA FINAL DE LA CHAMPIONS LEAGUE DEL AÑO 2000 DISPUTADA ANTE EL VALENCIA?

A - MORIENTES.

B - RAÚL.

C - GUTI.

110 ¿CONTRA QUÉ EQUIPO JUGÓ EL REAL MADRID LA FINAL DE LA PRIMERA DE SUS DIEZ COPAS DE EUROPA?

A - F.C BARCELONA.

B - STADE DE REMIS.

C - JUVENTUS.

111 ¿CON CUÁNTOS PUNTOS GANÓ MOURINHO LA ÚNICA LIGA QUE TIENE COMO ENTRENADOR BLANCO?

A - 99 PUNTOS.

B - 90 PUNTOS.

C - 100 PUNTOS.

112 ¿QUÉ PORTERO TIENE EL RÉCORD DE IMBATIBILIDAD BAJO EL ARCO MADRIDISTA?

A - RICARDO ZAMORA.

B - IKER CASILLAS.

C - MIGUEL ÁNGEL.

113 ¿QUÉ JUGADOR BRASILEÑO DESEMBARCÓ EN EL REAL MADRID PROCEDENTE DEL SEVILLA EN LA TEMPORADA 2005-06?

A - RONALDO.

B - NINGUNO.

C - JULIO BAPTISTA.

114 ¿CON QUÉ APODO SE CONOCE AL EXFUTBOLISTA MERENGUE CARLOS ALONSO GONZÁLEZ?

A - SANTILLANA.

B - CARLITOS.

C - GONZA.

115 ¿QUÉ JUGADOR MADRIDISTA HA NECESITADO MENOS PARTIDOS (92) PARA ALCANZAR LOS CIEN GOLES EN EL CAMPEONATO DE LIGA?

A - RAÚL.

B - CRISTIANO RONALDO.

C - PUSKAS.

116 ¿QUÉ ENTRENADOR DIJO DÍAS ANTES DE JUGAR FRENTE AL BARCELONA:« NO ES POSIBLE GANAR EN EL CAMP NOU»?

A - VICENTE DEL BOSQUE.

B - ZIDANE.

C - BERND SCHUSTER.

117 ¿EN QUÉ DECADA DESPUNTÓ EL BAUTIZADO COMO «MADRID DE LOS YÉ-YÉ»

A - EN LA DÉCADA DE 1960.

B - EN LA DÉCADA DE 1950.

C - EN LA DÉCADA DE 1970.

118 ¿CONTRA QUÉ EQUIPO GANÓ LA NOVENA COPA DE EUROPA EL REAL MADRID?

A – BAYER LEVERKUSEN.

B – VALENCIA C.F.

C – BAYERN MUNCHEN.

119 ¿CUÁNTOS GOLES MARCÓ MICHEL SALGADO CON EL REAL MADRID?

A – CUATRO.

B – CINCO.

C – QUINCE.

120 ¿EN QUÉ AÑO GANÓ EL REAL MADRID SU PRIMERA SUPERCOPA DE EUROPA?

A – 2005.

B – 2001.

C – 2002.

SOLUCIONES:

1: B – ERA EL QUE LLEVABA SU ÍDOLO, ZIDANE.

2: B – SIEMPRE FUE SEGUIDOR DEL REAL MADRID, AUNQUE MUCHA DE SU FAMILIA SIGUE AL BARCELONA.

3: C – MARTIN ODEGAARD.

4: A – BRUSELAS, GLASGOW Y PARÍS.

5: B – DI STÉFANO.

6: C – UNO.

7: A – CENTROCAMPISTA.

8: B – 1964.

9: C – 14 VECES.

10: A – RUSSELL CROWE.

11: C – RAÚL, MORIENTES Y ROBERTO CARLOS.

12: B – 2002.

13: A – GUTI, MOLOWNY Y MANOLÍN BUENO.

14: B – 1955–56.

15: C – 2.

16: C – 1.200.000 M2.

17: A – 04/07/1926.

18: B – 4.

SOLUCIONES:

19: A – 1902.

20: C – CRISTIANO RONALDO.

21: A – ADRIANO RIBEIRO.

22: C – CHICHARITO HERNÁNDEZ.

23: A – DAVID BECKHAM.

24: C – MILLONARIOS.

25: A – 5-0.

26: A – 86.568.

27: A – VICENTE BOLUDA Y RAMÓN CALDERÓN.

28: B – A.D. ALCORCÓN.

29: C – MÁLAGA.

30: A – 396.

31: B – JUNIO DE 2013.

32: A – UNA.

33: B – CUATRO.

34: C – GANÓ EL REAL MADRID POR 4-1.

35: A – RAÚL GONZÁLEZ.

36: B – 1947.

SOLUCIONES:

37: C – RAÚL GONZÁLEZ.

38: B – SEIS.

39: B – 2014.

40: B – 20 AÑOS.

41: C – SÍ, UNO.

42: A – CINCO.

43: A – 4.

44: C – JOSÉ RODRÍGUEZ.

45: B – SERGIO RAMOS.

46: C – DIEGO.

47: B – 23.

48: A – ATLÉTICO DE MADRID.

49: C – COURTOIS.

50: B – 10.

51: C – 1904-05.

52: B – EL 6 DE JULIO DE 2009.

53: B – BENZEMÁ.

54: A – EN EL AÑO 2000.

SOLUCIONES:

55: A - FIGO.

56: C - CRISTIANO RONALDO.

57: A - GUTI.

58: B - AMSTERDAM.

59: A - UNO.

60: C - 154.

61: A - 323.

62: C - 105 X 68 M.

63: B - 1984.

64: A - 4.

65: C - 245.

66: B - CRISTIANO RONALDO.

67: B - JOSÉ MOURINHO.

68: C - 3-1.

69: A - LIONEL MESSI.

70: B - MICHAEL LAUDRUP.

71: A - UN TELÉFONO MÓVIL.

72: C - 61 MILLONES DE EUROS.

SOLUCIONES:

91: A – 81.

92: C – RAÚL.

93: B – REAL MADRID 11 – BARCELONA 1.

94: B – LA NOVENA.

95: A – REAL ZARAGOZA.

96: C – FLORENTINO PÉREZ.

97: A – PACO GENTO.

98: C – PLÁCIDO DOMINGO.

99: B – MINUTO 93.

100: A – DOS.

101: B – KÉPLER.

102: C – KARIM BENZEMA.

103: A – 115 VECES.

104: B – MIGUEL MUÑOZ.

105: C – RACING DE SANTANDER.

106: A – PACO GENTO.

107: C – EN LA TEMPORADA 2011/2012.

108: B – REAL MADRID CASTILLA.

SOLUCIONES:

109: A - MORIENTES.

110: B - STADE DE REMIS.

111: C - 100 PUNTOS.

112: B - IKER CASILLAS.

113: C - JULIO BAPTISTA.

114: A - SANTILLANA.

115: B - CRISTIANO RONALDO.

116: C - BERND SCHUSTER.

117: A - EN LA DÉCADA DE 1960.

118: A - BAYER LEVERKUSEN.

119: B - CINCO.

120: C - 2002.

PUNTUACIONES:

JUGADOR 1:

JUGADOR 2:

JUGADOR 3:

JUGADOR 4:

¿CUÁNTO SABES DEL MADRID?